Arnaque 2.0 : Comment y échapper ? Les astuces pour ne pas se faire avoir.

Vous êtes-vous déjà demandé si le prince héritier du Nigéria qui vous a envoyé un e-mail était vraiment en détresse ? Si le service client de votre banque qui vous a appelé pour vérifier votre code secret était vraiment fiable ? Si le produit que vous avez commandé sur un site inconnu allait vraiment arriver chez vous ?

Si vous avez répondu oui à au moins une de ces questions, félicitations ! Vous êtes un être humain doté d'un minimum de curiosité et de bon sens. Mais vous êtes aussi une cible potentielle pour les arnaqueurs qui sévissent sur internet et au téléphone

Bonjour et bienvenue dans ce livre qui va vous apprendre à déjouer les pièges des escrocs du 21ème siècle. Vous savez, ces individus sans scrupules qui profitent de la naïveté, de la générosité ou de la détresse des gens pour leur soutirer de l'argent, des informations personnelles ou des services. Ces individus qui utilisent les nouvelles technologies comme des armes pour tromper, manipuler ou menacer leurs victimes. Ces individus que nous allons appeler, pour simplifier, les arnaqueurs 2.0.

Vous pensez peut-être que vous n'êtes pas concerné par ce phénomène, que vous êtes trop prudent, trop malin ou trop chanceux pour tomber dans le panneau. Détrompez-vous ! Les arnaques sont partout, et elles touchent tout le monde, quel que soit l'âge, le sexe, le niveau d'éducation ou le revenu. Selon une étude de l'Institut national de la consommation, près de 9 Français sur 10 ont déjà été confrontés à une tentative d'arnaque, et plus de 4 millions de personnes ont été victimes d'une arnaque en 2022, pour un préjudice estimé à plus de 3 milliards d'euros. Sans compter les conséquences psychologiques, comme la honte, la culpabilité, la peur ou la perte de confiance, qui peuvent être très difficiles à surmonter.

Alors, comment faire pour se protéger des arnaques ? Comment reconnaître les signes qui doivent vous alerter ? Comment réagir face à une sollicitation suspecte ? Comment signaler une arnaque et obtenir réparation ? C'est ce que nous allons voir ensemble dans ce livre, à travers trois grandes parties :

- La première partie sera consacrée aux arnaques en ligne, c'est-à-dire celles qui se déroulent sur internet, par e-mail, par messagerie instantanée ou par réseaux sociaux. Nous verrons comment les arnaqueurs 2.0 se font passer pour des personnes de confiance, des organismes officiels ou des entreprises réputées, pour vous inciter à cliquer sur des liens, à ouvrir des pièces jointes, à remplir des formulaires ou à effectuer des paiements. Nous aborderons les arnaques sentimentales, les arnaques aux faux dons, les arnaques aux faux emplois, les arnaques aux faux héritages, et bien d'autres encore.
- La deuxième partie sera dédiée aux arnaques téléphoniques, c'est-à-dire celles qui se produisent par appel vocal ou par SMS. Nous verrons comment les arnaqueurs 2.0 se font passer pour des proches, des agents du service public, des techniciens ou des commerciaux, pour vous demander de rappeler un numéro surtaxé, de confirmer des données personnelles, de payer une somme d'argent ou de souscrire à une offre. Nous parlerons des arnaques au faux support technique, des arnaques au faux impôt, des arnaques au faux accident, des arnaques au faux lot, et bien d'autres encore.
- La troisième partie sera réservée aux arnaques par courrier, c'est-à-dire celles qui se font par voie

postale ou par fax. Nous verrons comment les arnaqueurs 2.0 se font passer pour des administrations, des fournisseurs, des organismes de crédit ou des sociétés de jeux, pour vous envoyer des faux documents, des fausses factures, des fausses offres ou des faux chèques. Nous évoquerons les arnaques au faux remboursement, les arnaques au faux abonnement, les arnaques au faux concours, et bien d'autres encore.

Pour chaque type d'arnaque, nous vous donnerons des exemples concrets, tirés de cas réels ou inspirés de faits divers, pour vous montrer comment les arnaqueurs 2.0 procèdent, quels sont leurs arguments, leurs techniques et leurs objectifs. Nous vous donnerons aussi des astuces simples et efficaces, basées sur le bon sens, la vigilance et la vérification, pour détecter et éviter les arnaques. Enfin, nous vous indiquerons comment signaler une arnaque, si vous en êtes victime ou témoin, et comment obtenir réparation, si vous avez subi un préjudice.

Ce livre n'a pas pour but de vous faire peur, ni de vous décourager d'utiliser les nouvelles technologies, qui sont de formidables outils de communication, d'information et de divertissement. Ce livre a pour but de vous informer, de vous sensibiliser et de vous armer contre les arnaques, qui sont de véritables fléaux pour la société. Ce livre a pour but de vous aider à vous protéger, vous et vos proches, des arnaqueurs 2.0, qui sont de véritables parasites pour l'humanité.

Alors, n'attendez plus, et plongez-vous dans la lecture de ce livre, qui vous révélera tous les secrets des arnaques 2.0. Et surtout, n'oubliez pas : si c'est trop beau pour être vrai, c'est probablement une arnaque !

PS : Ce livre n'est pas une arnaque, je vous le jure ! □

Sommaire

Partie 1 : Les arnaques en ligne

Qu'est-ce qu'une arnaque en ligne et comment elle fonctionne ?

Une arnaque en ligne est une tentative de tromperie qui se déroule sur internet, par le biais d'un ordinateur, d'un smartphone, d'une tablette ou de tout autre appareil connecté. Le but d'une arnaque en ligne est de vous faire croire à une situation fausse ou exagérée, pour vous inciter à agir d'une manière qui vous sera préjudiciable, que ce soit en vous faisant perdre de l'argent, en vous volant des informations personnelles, en vous infectant par un virus ou en vous faisant accomplir des actions illégales.

Pour réaliser une arnaque en ligne, les escrocs utilisent différents moyens et techniques, parmi lesquels :

- L'usurpation d'identité : il s'agit de se faire passer pour quelqu'un d'autre, que ce soit une personne physique (un ami, un proche, un partenaire amoureux, etc.) ou une personne morale (une banque, une administration, une entreprise, etc.). L'usurpation d'identité peut se faire par la création de faux profils, de fausses adresses e-mail, de faux numéros de téléphone, etc.
- Le phishing : il s'agit de vous envoyer un e-mail, un message ou un lien qui semble provenir d'une source fiable, mais qui en réalité vous redirige vers

un site frauduleux, qui ressemble à s'y méprendre au site officiel. Le phishing vise à vous faire entrer vos identifiants, vos mots de passe, vos coordonnées bancaires ou toute autre information sensible, qui sera ensuite utilisée par les escrocs pour accéder à vos comptes, à vos services ou à votre argent.

- Les faux sites : il s'agit de créer des sites internet qui imitent l'apparence ou le nom de sites connus, mais qui en réalité proposent des contenus ou des services fictifs, inexistants ou illégaux. Les faux sites peuvent vous faire payer pour des produits que vous ne recevrez jamais, vous faire télécharger des logiciels malveillants, vous faire participer à des jeux d'argent truqués, etc.

- Les rançongiciels : il s'agit de programmes malveillants qui s'installent sur votre appareil, sans que vous vous en rendiez compte, et qui bloquent l'accès à vos fichiers, à vos données ou à votre système. Les rançongiciels vous demandent ensuite de payer une rançon, généralement en cryptomonnaie, pour récupérer le contrôle de votre appareil, sans aucune garantie que cela fonctionne.

Quels sont les principaux types d'arnaques en ligne et leurs caractéristiques ?

Il existe de nombreux types d'arnaques en ligne, qui visent à exploiter les faiblesses, les besoins ou les envies des internautes. Voici quelques exemples parmi les plus courants :

- Les arnaques sentimentales : il s'agit de vous faire croire que vous avez rencontré l'âme sœur sur un site de rencontre, un réseau social ou une messagerie, alors qu'en réalité il s'agit d'un escroc qui se cache derrière un faux profil. Les arnaques sentimentales visent à vous faire tomber amoureux, à vous faire confiance, puis à vous demander de l'argent, sous prétexte d'un problème personnel, d'un voyage, d'un cadeau, etc.

- Les arnaques aux faux dons : il s'agit de vous faire croire que vous pouvez aider une cause humanitaire, une association caritative, une personne en détresse ou un animal en danger, en faisant un don en ligne, alors qu'en réalité il s'agit d'une escroquerie qui détourne votre argent à des fins frauduleuses. Les arnaques aux faux dons visent à jouer sur votre générosité, votre compassion ou votre culpabilité, en vous montrant des images ou des vidéos choquantes, émouvantes ou attendrissantes.
- Les arnaques aux faux emplois : il s'agit de vous faire croire que vous pouvez trouver un emploi facile, rapide et bien rémunéré, en répondant à une offre en ligne, alors qu'en réalité il s'agit d'une escroquerie qui vous demande de payer des frais, de fournir des documents, de recruter d'autres personnes ou de réaliser des tâches illégales. Les arnaques aux faux emplois visent à profiter de votre situation de chômage, de précarité ou de reconversion, en vous promettant des opportunités alléchantes, mais irréalistes.
- Les arnaques aux faux héritages : il s'agit de vous faire croire que vous êtes l'héritier d'une fortune colossale, provenant d'un parent éloigné, d'un ami décédé ou d'un bienfaiteur inconnu, en vous envoyant un e-mail, une lettre ou un fax, alors qu'en réalité il s'agit d'une escroquerie qui vous demande de payer des frais, des taxes, des avocats ou des notaires, pour pouvoir toucher votre héritage, qui n'existe pas. Les arnaques aux faux héritages visent à attiser votre cupidité, votre curiosité ou votre

naïveté, en vous faisant miroiter des sommes astronomiques, mais fictives.

Quels sont les exemples concrets d'arnaques en ligne et leurs conséquences pour les victimes ?

Pour illustrer les différents types d'arnaques en ligne, voici quelques exemples tirés de cas réels ou inspirés de faits divers, qui montrent comment les escrocs procèdent, et quelles sont les conséquences pour les victimes :

- L'exemple de Julie, victime d'une arnaque sentimentale : Julie, 35 ans, s'inscrit sur un site de rencontre, où elle fait la connaissance de Marc, un homme charmant, qui se présente comme un médecin humanitaire, travaillant en Afrique. Après plusieurs semaines d'échanges, Marc déclare sa flamme à Julie, et lui propose de venir la rejoindre en France. Mais il lui demande de lui envoyer de l'argent, pour payer son billet d'avion, son visa, ou encore une amende. Julie, aveuglée par l'amour, accepte, et lui envoie plus de 10 000 euros, par virement ou par mandat cash. Mais Marc ne vient jamais, et finit par couper le contact. Julie réalise alors qu'elle a été victime d'une arnaque sentimentale, et qu'elle a perdu son argent, mais aussi sa confiance en elle et en l'autre.
- L'exemple de Paul, victime d'une arnaque aux faux dons : Paul, 40 ans, reçoit un e-mail, qui lui demande de faire un don pour aider les victimes d'un tremblement de terre, qui a ravagé un pays lointain. L'e-mail est accompagné de photos et de vidéos, qui montrent des scènes de désolation, de souffrance et de détresse. Paul, touché par ce drame, décide de faire un don de 100 euros, en cliquant sur

un lien, qui le redirige vers un site, qui ressemble à celui d'une organisation humanitaire. Mais il s'agit en fait d'un site frauduleux, qui récupère ses coordonnées bancaires, et qui effectue des prélèvements récurrents, sans son autorisation. Paul réalise alors qu'il a été victime d'une arnaque aux faux dons, et qu'il a non seulement perdu son argent, mais aussi contribué à financer des activités criminelles.

- L'exemple de Sarah, victime d'une arnaque aux faux emplois : Sarah, 25 ans, cherche un emploi, après avoir terminé ses études. Elle tombe sur une offre en ligne, qui lui propose de travailler à domicile, en tant que secrétaire, pour une société internationale. Le salaire est attractif, et les conditions sont souples. Sarah postule, et reçoit une réponse positive, qui lui demande de payer des frais de dossier, de 200 euros, pour finaliser son recrutement. Sarah, ravie, accepte, et envoie l'argent, par carte bancaire. Mais elle ne reçoit jamais de contrat, ni de travail, ni de salaire. Elle réalise alors qu'elle a été victime d'une arnaque aux faux emplois, et qu'elle a non seulement perdu son argent, mais aussi son temps et son espoir.
- L'exemple de Pierre, victime d'une arnaque aux faux héritages : Pierre, 50 ans, reçoit une lettre, qui lui annonce qu'il est l'héritier d'un lointain

Ces exemples montrent que les arnaques en ligne sont variées, ingénieuses et dangereuses. Elles peuvent vous faire perdre de l'argent, mais aussi votre identité, votre sécurité, votre réputation ou votre dignité. Elles peuvent vous affecter sur le plan financier, mais aussi sur le plan émotionnel, psychologique ou social. Elles peuvent vous isoler, vous déprimer, vous traumatiser ou vous mettre en danger. Face à ces menaces, il est donc essentiel de savoir comment les détecter et les éviter. C'est ce que nous allons voir dans la prochaine sous-partie.

Comment détecter et éviter les arnaques en ligne ?

Pour détecter et éviter les arnaques en ligne, il existe plusieurs astuces simples et efficaces, que vous pouvez appliquer au quotidien, en utilisant votre bon sens, votre vigilance et votre vérification. Voici quelques exemples parmi les plus importants :

- Vérifier l'adresse du site : avant de cliquer sur un lien, de saisir des informations ou de faire un achat, vérifiez toujours que l'adresse du site correspond bien à celle que vous attendez. Méfiez-vous des adresses qui comportent des fautes d'orthographe, des caractères spéciaux, des extensions inhabituelles ou des noms de domaine trompeurs. Par exemple, ne confondez pas www.banquepopulaire.fr avec www.banquepopulairre.fr ou www.banque-populaire.com.
- Vérifier la présence d'un cadenas : lorsque vous accédez à un site qui nécessite de fournir des données sensibles, comme vos identifiants, vos mots de passe ou vos coordonnées bancaires, vérifiez toujours que le site est sécurisé, en regardant si un cadenas est affiché à côté de l'adresse, ou si l'adresse commence par https. Le cadenas et le https indiquent que le site utilise un protocole de cryptage, qui protège vos données contre les interceptions. Si le cadenas est absent ou barré, ou si l'adresse commence par http, cela signifie que le site n'est pas sécurisé, et qu'il peut s'agir d'un site frauduleux.

- Vérifier l'orthographe : lorsque vous recevez un e-mail, un message ou un lien, vérifiez toujours que le contenu est correctement rédigé, sans fautes d'orthographe, de grammaire ou de syntaxe. Méfiez-vous des messages qui contiennent des erreurs, des formulations maladroites, des tournures étrangères ou des expressions inhabituelles. Ces messages peuvent provenir de personnes qui ne maîtrisent pas la langue, ou qui utilisent des logiciels de traduction automatique, et qui cherchent à vous tromper.
- Vérifier la cohérence : lorsque vous recevez un e-mail, un message ou un lien, vérifiez toujours que le contenu est cohérent, avec le contexte, la situation, la personne ou l'organisme qui vous le transmet. Méfiez-vous des messages qui sont inattendus, incongrus, urgents ou avantageux, qui vous demandent de faire quelque chose qui sort de l'ordinaire, qui vous mettent sous pression ou qui vous font des promesses trop belles pour être vraies. Ces messages peuvent être des tentatives de manipulation, qui cherchent à vous faire agir sans réfléchir.

En conclusion, les arnaques en ligne sont des phénomènes répandus et dangereux, qui peuvent vous causer de graves préjudices, tant sur le plan financier que sur le plan émotionnel. Pour vous en prémunir, il est indispensable de rester vigilant, de vérifier les informations que vous recevez ou que vous transmettez, et de ne pas vous laisser influencer par les sollicitations suspectes. En appliquant ces quelques astuces simples et efficaces, vous pourrez surfer sur internet en toute sécurité, et éviter de tomber dans les pièges des arnaqueurs 2.0.

Partie 2 : Les arnaques téléphoniques

Qu'est-ce qu'une arnaque téléphonique et comment elle fonctionne ?

Une arnaque téléphonique est une tentative de tromperie qui se déroule par appel vocal ou par SMS. Le but d'une arnaque téléphonique est de vous faire croire à une situation urgente, importante ou avantageuse, pour vous inciter à rappeler un numéro surtaxé, à donner des informations personnelles, à payer une somme d'argent ou à souscrire à une offre.

Pour réaliser une arnaque téléphonique, les escrocs utilisent différents moyens et techniques, parmi lesquels :

- Le spoofing : il s'agit de modifier le numéro de téléphone qui s'affiche sur votre écran, pour vous faire croire que l'appel provient d'un service officiel, d'une entreprise connue ou d'un proche. Le spoofing vise à vous rassurer, à vous impressionner ou à vous intimider, en utilisant l'autorité, la confiance ou la peur.
- Le ping call : il s'agit de vous appeler brièvement, sans laisser de message, pour vous inciter à rappeler un numéro surtaxé, qui vous facturera une somme élevée, sans vous fournir aucun service. Le ping call vise à profiter de votre curiosité, de votre impatience ou de votre politesse.
- Le vishing : il s'agit de vous appeler en se faisant passer pour un agent d'un service officiel, d'une entreprise connue ou d'un proche, pour vous

demander des informations personnelles, comme vos identifiants, vos mots de passe, vos coordonnées bancaires ou vos codes de sécurité. Le vishing vise à vous tromper, à vous manipuler ou à vous extorquer, en utilisant le mensonge, la flatterie ou la menace.

- Le smishing : il s'agit de vous envoyer un SMS qui contient un lien, qui vous redirige vers un site frauduleux, qui vous demande des informations personnelles, ou qui vous fait télécharger un logiciel malveillant. Le smishing vise à vous piéger, à vous infecter ou à vous voler, en utilisant l'urgence, l'opportunité ou la tentation.

Quels sont les principaux types d'arnaques téléphoniques et leurs caractéristiques ?

Il existe de nombreux types d'arnaques téléphoniques, qui visent à exploiter les faiblesses, les besoins ou les envies des utilisateurs. Voici quelques exemples parmi les plus courants :

- Les arnaques au faux support technique : il s'agit de vous faire croire que votre ordinateur, votre smartphone ou votre tablette est infecté par un virus, et que vous devez appeler un numéro surtaxé, ou donner accès à distance à un technicien, pour le réparer. Les arnaques au faux support technique visent à vous faire payer pour un service inutile, ou à prendre le contrôle de votre appareil, pour y installer des logiciels malveillants, ou y voler des données.
- Les arnaques au faux impôt : il s'agit de vous faire croire que vous avez droit à un remboursement d'impôt, ou que vous devez payer un supplément d'impôt, et que vous devez rappeler un numéro surtaxé, ou donner vos coordonnées bancaires, pour

le recevoir ou le régler. Les arnaques au faux impôt visent à vous faire perdre de l'argent, ou à accéder à votre compte bancaire, pour y effectuer des prélèvements frauduleux.

- Les arnaques au faux accident : il s'agit de vous faire croire qu'un de vos proches a eu un accident, et qu'il a besoin d'argent en urgence, pour payer les frais médicaux, les réparations ou la caution. Les arnaques au faux accident visent à vous faire paniquer, à vous faire culpabiliser ou à vous faire compatir, pour vous pousser à envoyer de l'argent, par virement, par mandat ou par carte prépayée.
- Les arnaques au faux lot : il s'agit de vous faire croire que vous avez gagné un lot, comme un voyage, un cadeau ou de l'argent, et que vous devez rappeler un numéro surtaxé, ou payer des frais, pour le réclamer. Les arnaques au faux lot visent à vous faire rêver, à vous faire espérer ou à vous faire saliver, pour vous faire dépenser de l'argent, pour un lot qui n'existe pas.

Quels sont les exemples concrets d'arnaques téléphoniques et leurs conséquences pour les victimes ?

Pour illustrer les différents types d'arnaques téléphoniques, voici quelques exemples tirés de cas réels ou inspirés de faits divers, qui montrent comment les escrocs procèdent, et quelles sont les conséquences pour les victimes :

- L'exemple de Martin, victime d'une arnaque au faux support technique : Martin, 30 ans, reçoit un appel d'un homme qui se présente comme un technicien de Microsoft, qui lui dit que son ordinateur est infecté par un virus, et qu'il doit lui donner accès à distance, pour le nettoyer. Martin, inquiet, accepte, et suit les instructions de l'homme, qui lui fait télécharger un logiciel, qui lui permet de prendre le contrôle de son ordinateur. L'homme lui demande ensuite de payer 200 euros, par carte bancaire, pour finaliser l'opération. Martin, naïf, accepte, et donne ses coordonnées bancaires. Mais il s'agit en fait d'une arnaque, et l'homme n'est pas un technicien de Microsoft, mais un escroc, qui a installé un logiciel malveillant sur son ordinateur, et qui a volé ses données bancaires. Martin réalise alors qu'il a été victime d'une arnaque au faux support technique, et qu'il a non seulement perdu 200 euros, mais aussi compromis la sécurité de son ordinateur et de son compte bancaire.

- L'exemple de Sophie, victime d'une arnaque au faux impôt : Sophie, 40 ans, reçoit un SMS qui lui annonce qu'elle a droit à un remboursement d'impôt de 300 euros, et qui lui demande de cliquer sur un lien, pour le recevoir. Sophie, ravie, clique sur le lien, qui la redirige vers un site, qui ressemble à celui des impôts, mais qui en réalité est un site frauduleux, qui lui demande de rentrer ses coordonnées bancaires, pour effectuer le virement. Sophie, confiante, entre ses coordonnées bancaires, et valide. Mais il s'agit en fait d'une arnaque, et le SMS ne provient pas des impôts, mais d'un escroc, qui a récupéré ses coordonnées bancaires, et qui va les utiliser pour faire des prélèvements frauduleux. Sophie réalise alors qu'elle a été victime d'une arnaque au faux impôt, et qu'elle a non seulement perdu 300 euros, mais aussi exposé son compte bancaire à des risques.

- L'exemple de Lucas, victime d'une arnaque au faux accident : Lucas, 20 ans, reçoit un appel d'une femme qui se fait passer pour sa cousine, qui lui dit qu'elle a eu un accident de voiture, et qu'elle a besoin de 500 euros en urgence, pour payer les réparations. Lucas, affolé, accepte, et lui demande comment lui envoyer l'argent. La femme lui dit de lui acheter des cartes prépayées, et de lui communiquer les codes, par SMS. Lucas, pressé, accepte, et se rend dans un bureau de tabac, où il achète des cartes prépayées, pour un montant de 500 euros. Il envoie ensuite les codes, par SMS, à la femme. Mais il s'agit en fait d'une arnaque, et la femme n'est pas sa cousine, mais une escroc, qui a utilisé les codes, pour créditer son propre compte. Lucas réalise alors qu'il a été victime d'une arnaque au faux accident, et qu'il a perdu 500 euros, pour rien.

- L'exemple de Léa, victime d'une arnaque au faux lot : Léa, 50 ans, reçoit un appel d'un homme qui se présente comme un animateur d'une émission de radio, qui lui dit qu'elle a gagné un voyage pour deux personnes, dans une destination de rêve. Léa, enchantée, accepte, et lui demande comment faire pour bénéficier de son lot. L'homme lui dit qu'elle doit simplement payer des frais de dossier, de 150 euros, par carte bancaire, pour confirmer sa réservation. Léa, enthousiaste, accepte, et donne ses coordonnées bancaires, en pensant qu'elle fait une bonne affaire. Mais il s'agit en fait d'une arnaque, et l'homme n'est pas un animateur de radio, mais un escroc, qui a utilisé un numéro surtaxé, pour lui faire payer un appel très cher, et qui a volé ses données bancaires, pour faire des achats frauduleux. Léa réalise alors qu'elle a été victime d'une arnaque au faux lot, et qu'elle a non seulement perdu 150 euros, mais aussi compromis la sécurité de son compte bancaire.

Comment détecter et éviter les arnaques téléphoniques ?

Pour vous protéger des arnaques téléphoniques, il existe plusieurs astuces simples et efficaces, que vous pouvez appliquer au quotidien, en utilisant votre bon sens, votre vigilance et votre vérification. Voici quelques exemples parmi les plus importants :

- Ne pas rappeler les numéros inconnus : lorsque vous recevez un appel ou un SMS d'un numéro que vous ne connaissez pas, ne le rappelez pas, sans avoir vérifié au préalable son origine et sa tarification. Certains numéros sont surtaxés, et vous factureront une somme élevée, sans vous fournir aucun service. Vous pouvez consulter la liste des numéros surtaxés sur ce site, ou utiliser un annuaire inversé, comme celui-ci, pour identifier le propriétaire du numéro.
- Ne pas donner d'informations personnelles : lorsque vous recevez un appel ou un SMS qui vous demande des informations personnelles, comme vos identifiants, vos mots de passe, vos coordonnées bancaires ou vos codes de sécurité, ne les communiquez pas, sans avoir vérifié au préalable la légitimité de la demande. Certains escrocs se font passer pour des agents d'un service officiel, d'une entreprise connue ou d'un proche, pour vous tromper, vous manipuler ou vous extorquer. Vous pouvez vérifier l'authenticité de la demande en contactant directement le service, l'entreprise ou le proche concerné, par un autre moyen que celui proposé par l'appelant ou l'expéditeur.
- Ne pas payer par carte bancaire : lorsque vous recevez un appel ou un SMS qui vous demande de

payer une somme d'argent, par carte bancaire, pour bénéficier d'un remboursement, d'un lot, d'une offre ou d'un service, ne le faites pas, sans avoir vérifié au préalable la fiabilité de la proposition. Certains escrocs vous font miroiter des avantages, qui n'existent pas, pour vous faire dépenser de l'argent, pour rien. Vous pouvez vérifier la crédibilité de la proposition en cherchant des informations sur internet, en consultant des sites spécialisés, comme celui-ci, ou en demandant l'avis d'un proche ou d'un professionnel.

- Ne pas se laisser influencer : lorsque vous recevez un appel ou un SMS qui vous met sous pression, qui vous fait peur, qui vous flatte ou qui vous tente, ne vous laissez pas influencer, sans avoir réfléchi au préalable aux conséquences de votre action. Certains escrocs utilisent des techniques de persuasion, qui jouent sur vos émotions, vos besoins ou vos envies, pour vous faire agir sans réfléchir. Vous pouvez résister à ces techniques en prenant du recul, en demandant du temps, en posant des questions ou en raccrochant.

En conclusion, les arnaques téléphoniques sont des phénomènes répandus et dangereux, qui peuvent vous faire perdre de l'argent, vous voler vos données, vous infecter votre appareil ou vous faire accomplir des actions illégales. Pour vous en prémunir, il est indispensable de rester vigilant, de vérifier les informations que vous recevez ou que vous transmettez, et de ne pas vous laisser influencer par les sollicitations suspectes. En appliquant ces quelques astuces simples et efficaces, vous pourrez utiliser votre téléphone en toute sécurité, et éviter de tomber dans les pièges des arnaqueurs 2.0.

Partie 3 : Les arnaques par courrier

Qu'est-ce qu'une arnaque par courrier et comment elle fonctionne ?

Une arnaque par courrier est une tentative de tromperie qui se déroule par envoi postal. Le but d'une arnaque par courrier est de vous faire croire à une situation urgente, importante ou avantageuse, pour vous inciter à renvoyer un document, à payer une facture, à accepter une offre ou à participer à un concours.

Pour réaliser une arnaque par courrier, les escrocs utilisent différents moyens et techniques, parmi lesquels :

- L'envoi d'un faux document : il s'agit de vous envoyer un document qui ressemble à un document officiel, comme un avis d'imposition, un relevé bancaire, un certificat de décès, etc. Le document contient des informations erronées, incomplètes ou falsifiées, qui visent à vous induire en erreur, à vous faire peur ou à vous faire espérer.
- L'envoi d'une fausse facture : il s'agit de vous envoyer une facture qui ressemble à une facture réelle, comme une facture d'électricité, de téléphone, d'assurance, etc. La facture contient des montants exorbitants, des frais cachés ou des pénalités, qui visent à vous faire payer pour un service que vous n'avez pas souscrit, que vous n'avez pas consommé ou que vous n'avez pas résilié.

- L'envoi d'une fausse offre : il s'agit de vous envoyer une offre qui ressemble à une offre attractive, comme une offre de crédit, de réduction, de cadeau, etc. L'offre contient des conditions abusives, des clauses pièges ou des engagements, qui visent à vous faire souscrire à un contrat, à un abonnement ou à un prélèvement, sans que vous vous en rendiez compte, ou sans que vous puissiez vous en défaire.
- L'envoi d'un faux concours : il s'agit de vous envoyer un concours qui ressemble à un concours sérieux, comme un concours de mots croisés, de sudoku, de tirage au sort, etc. Le concours contient des questions faciles, des réponses évidentes ou des lots alléchants, qui visent à vous faire participer, à vous faire renvoyer un bulletin, à vous faire appeler un numéro ou à vous faire payer des frais, pour un concours qui n'existe pas, ou qui est truqué.

Quels sont les principaux types d'arnaques par courrier et leurs caractéristiques ?

Il existe de nombreux types d'arnaques par courrier, qui visent à exploiter les faiblesses, les besoins ou les envies des destinataires. Voici quelques exemples parmi les plus courants :

- Les arnaques au faux chèque : il s'agit de vous envoyer un chèque, qui semble provenir d'un organisme officiel, d'une entreprise connue ou d'un bienfaiteur inconnu, qui vous dit que vous avez gagné de l'argent, que vous avez droit à un remboursement, que vous avez hérité d'une fortune, etc. Le chèque est en réalité un chèque sans provision, qui sera rejeté par votre banque, après que vous l'ayez encaissé, et après que vous ayez payé des frais, des taxes ou des commissions, à l'expéditeur du chèque, ou à un tiers.

- Les arnaques au faux remboursement : il s'agit de vous envoyer un document, qui semble provenir d'un service officiel, d'une entreprise connue ou d'un organisme de protection, qui vous dit que vous avez payé trop cher, que vous avez été victime d'une erreur, que vous avez subi un préjudice, etc. Le document vous demande de renvoyer un RIB, une copie de votre carte d'identité ou de votre carte bancaire, ou de payer des frais, pour recevoir votre remboursement, qui n'arrivera jamais, ou qui sera inférieur aux frais que vous aurez payés.

- Les arnaques au faux abonnement : il s'agit de vous envoyer une facture, qui semble provenir d'un fournisseur d'énergie, d'un opérateur téléphonique ou d'un éditeur de presse, qui vous dit que vous êtes abonné à un service, que vous n'avez pas demandé, que vous n'utilisez pas ou que vous avez résilié. La facture vous demande de payer un montant élevé, sous peine de coupure, de poursuite ou de pénalité, pour un service que vous ne devez pas payer, ou que vous pouvez contester.

- Les arnaques au faux concours : il s'agit de vous envoyer un document, qui semble provenir d'une société de jeux, d'une chaîne de télévision ou d'une marque célèbre, qui vous dit que vous avez gagné un lot, comme un voyage, un cadeau ou de l'argent. Le document vous demande de renvoyer un bulletin, d'appeler un numéro surtaxé ou de payer des frais, pour recevoir votre lot, qui n'existe pas, ou qui est d'une valeur inférieure aux frais que vous aurez payés.

Quels sont les exemples concrets d'arnaques par courrier et leurs conséquences pour les victimes ?

Pour illustrer les différents types d'arnaques par courrier, voici quelques exemples tirés de cas réels ou inspirés de faits divers, qui montrent comment les escrocs procèdent, et quelles sont les conséquences pour les victimes :

- L'exemple de Jean, victime d'une arnaque au faux chèque : Jean, 60 ans, reçoit un chèque de 5000 euros, accompagné d'une lettre, qui lui dit qu'il a gagné à un jeu organisé par une grande enseigne de distribution. Jean, ravi, encaisse le chèque, et reçoit un appel, qui lui dit qu'il doit payer 1000 euros de frais, pour valider son gain. Jean, confiant, accepte, et envoie un mandat cash, à l'adresse indiquée. Mais il s'agit en fait d'une arnaque, et le chèque est sans provision, ce qui lui vaut des frais bancaires, et une perte de 1000 euros. Jean réalise alors qu'il a été victime d'une arnaque au faux chèque, et qu'il a non seulement perdu de l'argent, mais aussi sa crédibilité auprès de sa banque.
- L'exemple de Marie, victime d'une arnaque au faux remboursement : Marie, 40 ans, reçoit un document, qui ressemble à un avis d'imposition, qui lui dit qu'elle a payé trop d'impôts, et qu'elle a droit à un remboursement de 300 euros. Marie, ravie, renvoie le document, avec un RIB, à l'adresse indiquée. Mais il s'agit en fait d'une arnaque, et le document n'est pas un avis d'imposition, mais un faux, qui a été envoyé par un escroc, qui a utilisé son RIB, pour faire des prélèvements frauduleux, sur son compte bancaire. Marie réalise alors qu'elle a été victime d'une arnaque au faux remboursement, et qu'elle a

non seulement perdu 300 euros, mais aussi exposé son compte bancaire à des risques.

- L'exemple de Thomas, victime d'une arnaque au faux abonnement : Thomas, 20 ans, reçoit une facture, qui ressemble à une facture de téléphone, qui lui dit qu'il est abonné à un service de vidéos à la demande, qu'il n'a jamais demandé, et qu'il doit payer 50 euros par mois, sous peine de coupure. Thomas, inquiet, appelle le numéro indiqué sur la facture, qui lui dit qu'il doit payer par carte bancaire, pour résilier son abonnement. Thomas, pressé, accepte, et donne ses coordonnées bancaires. Mais il s'agit en fait d'une arnaque, et la facture n'est pas une facture de téléphone, mais un faux, qui a été envoyé par un escroc, qui a utilisé ses coordonnées bancaires, pour faire des achats frauduleux, sur internet. Thomas réalise alors qu'il a été victime d'une arnaque au faux abonnement, et qu'il a non seulement perdu 50 euros, mais aussi compromis la sécurité de sa carte bancaire.

- L'exemple de Laura, victime d'une arnaque au faux concours : Laura, 30 ans, reçoit un document, qui ressemble à un bulletin de participation à un concours, qui lui dit qu'elle a gagné un voyage pour deux personnes, dans une destination de son choix. Laura, enthousiaste, renvoie le document, avec ses coordonnées, à l'adresse indiquée. Mais il s'agit en fait d'une arnaque, et le document n'est pas un bulletin de participation à un concours, mais un contrat d'abonnement à un magazine, qui lui coûtera 100 euros par an, sans possibilité de résiliation. Laura réalise alors qu'elle a été victime d'une arnaque au faux concours, et qu'elle a non seulement perdu son temps, mais aussi signé un contrat indésirable.

Ces exemples montrent que les arnaques par courrier sont variées, astucieuses et nuisibles. Elles peuvent vous faire perdre de l'argent, mais aussi vous engager dans des contrats, vous exposer à des poursuites ou vous faire renoncer à vos droits. Elles peuvent vous affecter sur le plan financier, mais aussi sur le plan juridique, administratif ou commercial. Elles peuvent vous décevoir, vous stresser, vous endetter ou vous harceler. Face à ces menaces, il est donc essentiel de savoir comment les détecter et les éviter.

Comment détecter et éviter les arnaques par courrier ?

Pour vous protéger des arnaques par courrier, il existe plusieurs astuces simples et efficaces, que vous pouvez appliquer au quotidien, en utilisant votre bon sens, votre vigilance et votre vérification. Voici quelques exemples parmi les plus importants :

- Vérifier l'expéditeur : lorsque vous recevez un courrier, vérifiez toujours que l'expéditeur est fiable, en regardant le nom, l'adresse, le logo ou le cachet de l'organisme qui vous l'envoie. Méfiez-vous des expéditeurs qui sont inconnus, douteux, falsifiés ou usurpés, qui cherchent à vous faire croire qu'ils sont légitimes, alors qu'ils ne le sont pas. Par exemple, ne confondez pas le logo des impôts avec celui d'une société privée, ou ne croyez pas qu'un courrier provenant d'un pays étranger vous annonce un héritage lointain.
- Vérifier le contenu : lorsque vous recevez un courrier, vérifiez toujours que le contenu est correct, sans fautes d'orthographe, de grammaire ou de syntaxe. Méfiez-vous des courriers qui contiennent

des erreurs, des formulations maladroites, des tournures étrangères ou des expressions inhabituelles. Ces courriers peuvent provenir de personnes qui ne maîtrisent pas la langue, ou qui utilisent des logiciels de traduction automatique, et qui cherchent à vous tromper.

- Vérifier la signature : lorsque vous recevez un courrier, vérifiez toujours que la signature est authentique, en regardant le nom, la fonction, le tampon ou le sceau de la personne qui vous l'envoie. Méfiez-vous des signatures qui sont illisibles, inexistantes, imprimées ou scannées, qui cherchent à vous faire croire qu'elles sont valides, alors qu'elles ne le sont pas. Par exemple, ne croyez pas qu'un courrier signé par un "directeur général" ou un "notaire" soit forcément vrai, ou ne vous fiez pas à une signature qui ressemble à un gribouillis.

Ainsi les arnaques par courrier sont des phénomènes répandus et dangereux, qui peuvent vous faire perdre de l'argent, vous engager dans des contrats, vous exposer à des poursuites ou vous faire renoncer à vos droits. Pour vous en prémunir, il est indispensable de rester vigilant, de vérifier les informations que vous recevez ou que vous transmettez, et de ne pas vous laisser influencer par les sollicitations suspectes. En appliquant ces quelques astuces simples et efficaces, vous pourrez recevoir votre courrier en toute sécurité, et éviter de tomber dans les pièges des arnaqueurs 2.0.

Conclusion

Vous venez de terminer la lecture de ce livre, qui vous a appris à reconnaître et à éviter les arnaques, qui peuvent vous nuire sur le plan financier, juridique, émotionnel ou personnel. Ce livre avait pour objectif de vous informer sur les arnaques, qui sont des phénomènes répandus et dangereux, qui exploitent les faiblesses, les besoins ou les envies des utilisateurs, pour leur faire croire à des situations fausses ou exagérées, et leur faire accomplir des actions nuisibles.

Dans ce livre, vous avez découvert :

- Les arnaques en ligne, qui se déroulent par internet, et qui visent à vous faire cliquer, remplir, payer ou télécharger, pour vous faire perdre de l'argent, vous voler vos données, vous infecter votre appareil ou vous faire accomplir des actions illégales.

- Les arnaques téléphoniques, qui se déroulent par appel vocal ou par SMS, et qui visent à vous faire rappeler, donner, payer ou souscrire, pour vous faire perdre de l'argent, vous voler vos données, vous infecter votre appareil ou vous faire accomplir des actions illégales.
- Les arnaques par courrier, qui se déroulent par envoi postal, et qui visent à vous faire renvoyer, payer, accepter ou participer, pour vous faire perdre de l'argent, vous engager dans des contrats, vous exposer à des poursuites ou vous faire renoncer à vos droits.

Pour chaque type d'arnaque, nous vous avons donné des exemples concrets, tirés de cas réels ou inspirés de faits divers, pour vous montrer comment les escrocs procèdent, et quelles sont les conséquences pour les victimes. Mais surtout, nous vous avons donné des astuces simples et efficaces, pour détecter et éviter les arnaques, en utilisant votre bon sens, votre vigilance et votre vérification.

Nous espérons que ce livre vous a été utile, et qu'il vous a permis de vous protéger des arnaques, ou du moins, de les éviter. Mais nous savons aussi que les arnaques évoluent sans cesse, et qu'il faut rester à l'affût des nouvelles techniques, des nouveaux pièges et des nouveaux escrocs. C'est pourquoi nous vous donnons quelques conseils généraux, pour vous protéger des arnaques, quels que soient leurs formes, leurs moyens ou leurs objectifs :

- Soyez vigilant : ne vous fiez pas aux apparences, ne croyez pas tout ce qu'on vous dit, ne vous laissez pas influencer par les émotions, les besoins ou les envies, et ne vous précipitez pas dans vos décisions.

Prenez le temps de réfléchir, de vérifier, de comparer et de demander conseil, avant de cliquer, de remplir, de payer ou de souscrire.

- Renseignez-vous : ne vous contentez pas des informations que vous recevez, cherchez des informations complémentaires, sur internet, sur les sites officiels, sur les sites spécialisés, sur les forums ou les réseaux sociaux. Consultez les avis, les témoignages, les alertes ou les mises en garde, qui peuvent vous éclairer, vous rassurer ou vous alerter, sur la fiabilité d'une offre, d'un service ou d'un organisme.
- Signalez : ne restez pas silencieux, si vous êtes victime ou témoin d'une arnaque, signalez-la, aux autorités compétentes, aux organismes concernés, aux associations de consommateurs, ou aux médias. Votre signalement peut permettre de stopper l'arnaque, de sanctionner les escrocs, de prévenir d'autres victimes, ou de sensibiliser le public.
- Portez plainte : ne vous résignez pas, si vous avez subi un préjudice, à cause d'une arnaque, portez plainte, auprès de la police, de la gendarmerie, ou du tribunal. Votre plainte peut permettre de faire valoir vos droits, de demander réparation, de récupérer votre argent, ou de faire annuler un contrat.

En suivant ces conseils, vous pourrez surfer, téléphoner et recevoir votre courrier, en toute sécurité, et éviter de tomber dans les pièges des arnaqueurs 2.0. Mais vous n'êtes pas seul dans cette lutte, vous pouvez compter sur nous, pour vous informer, vous aider et vous soutenir. C'est pourquoi nous vous invitons à partager ce livre avec vos proches, vos amis, vos collègues, ou vos voisins, pour qu'ils puissent eux aussi se protéger des arnaques. Et n'hésitez pas à rester en contact avec nous, en nous écrivant, en nous appelant, ou en nous suivant sur les réseaux sociaux, pour nous faire part de vos remarques, de vos questions, de vos suggestions, ou de vos témoignages.

Nous vous remercions de votre confiance, et nous vous souhaitons une bonne continuation, sans arnaques, ni escrocs ! ☐

Annexe : les liens utiles

Dans ce livre, nous vous avons donné des astuces pour détecter et éviter les arnaques en ligne, les arnaques téléphoniques et les arnaques par courrier. Mais nous savons aussi que les arnaques sont nombreuses et variées, et qu'il n'est pas toujours facile de trouver des informations fiables et à jour sur le sujet. C'est pourquoi nous avons sélectionné pour vous des liens utiles, qui vous permettront de vous informer, de vous protéger et de réagir face aux arnaques. Vous trouverez ces liens à la fin de ce livre, classés par catégorie et par source. Nous espérons que ces liens vous seront utiles, et que vous les consulterez régulièrement, pour rester à l'affût des nouvelles arnaques et des nouvelles techniques de prévention.

- signal-arnaques.com : C'est un site communautaire de protection contre les escroqueries d'internet. Vous pouvez y signaler une arnaque dont vous avez été victime ou témoin, consulter les arnaques signalées par d'autres internautes, poser vos questions sur un forum d'entraide, ou accéder à une base documentaire qui vous explique le fonctionnement des arnaques et comment les éviter.

- economie.gouv.fr/cedef/recours-arnaque-internet : C'est le site du ministère de l'Économie, des Finances et de la Relance, qui vous informe sur les politiques publiques, les services publics, les démarches administratives, etc. Vous y trouverez aussi des informations et des conseils sur vos droits et vos devoirs en tant que consommateur, notamment sur les arnaques sur internet. Vous pouvez aussi y signaler une escroquerie ou un comportement dangereux sur internet.

- trustpilot.com : Trustpilot est une plateforme d'avis ouverte à tous. Vous y trouverez de nombreux avis sur les sites que vous visitez, ce qui vous permettra de mettre en évidence ceux qui sont légitimes, et les autres…

- cnil.fr : La Commission nationale de l'informatique et des libertés vous permet entre autre de signaler des activités frauduleuses trouvée sur internet

www.ingramcontent.com/pod-product-compliance
Lightning Source LLC
LaVergne TN
LVHW051633050326
832903LV00033B/4736